稀土管理条例

中国法制出版社

稼十管理系列

中国法制出版社

目　录

中华人民共和国国务院令（第785号）............（1）

稀土管理条例..（2）

司法部　工业和信息化部负责人就《稀土
　管理条例》答记者问................................（12）

目 录

(1) 中华人民共和国国务院令（第785号） ……………………………（1）

(2) 海上管理范围图 ……………………………………………………（2）

中华人民共和国海上交通安全法（摘录）

(12) 管理条例》答记者问 ………………………………………………

中华人民共和国国务院令

第 785 号

《稀土管理条例》已经 2024 年 4 月 26 日国务院第 31 次常务会议通过，现予公布，自 2024 年 10 月 1 日起施行。

总理　李强

2024 年 6 月 22 日

稀土管理条例

第一条 为有效保护和合理开发利用稀土资源，促进稀土产业高质量发展，维护生态安全，保障国家资源安全和产业安全，根据有关法律，制定本条例。

第二条 在中华人民共和国境内从事稀土的开采、冶炼分离、金属冶炼、综合利用、产品流通、进出口等活动，适用本条例。

第三条 稀土管理工作应当贯彻落实党和国家的路线方针政策、决策部署，坚持保护资源与开发利用并重，遵循统筹规划、保障安全、科技创新、绿色发展的原则。

第四条 稀土资源属于国家所有，任何组织和个人不得侵占或者破坏稀土资源。

国家依法加强对稀土资源的保护，对稀土资源实行保护性开采。

第五条 国家对稀土产业发展实行统一规划。国务院工业和信息化主管部门会同国务院有关部门依法编制和组织实施稀土产业发展规划。

第六条 国家鼓励和支持稀土产业新技术、新工艺、新产品、新材料、新装备的研发和应用，持续提升稀土资源开发利用水平，推动稀土产业高端化、智能化、绿色化发展。

第七条 国务院工业和信息化主管部门负责全国稀土行业管理工作，研究制定并组织实施稀土行业管理政策措施。国务院自然资源主管部门等其他有关部门在各自职责范围内负责稀土管理相关工作。

县级以上地方人民政府负责本地区稀土管理有关工作。县级以上地方人民政府工业和信息化、自然资源等有关主管部门按照职责分工做好稀土管理相关工作。

第八条 国务院工业和信息化主管部门会同国务院有关部门确定稀土开采企业和稀土冶炼分离企业，并向社会公布。

除依照本条第一款确定的企业外，其他组织和个人不得从事稀土开采和稀土冶炼分离。

第九条 稀土开采企业应当依照矿产资源管理法

律、行政法规和国家有关规定取得采矿权、采矿许可证。

投资稀土开采、冶炼分离等项目，应当遵守投资项目管理的法律、行政法规和国家有关规定。

第十条 国家根据稀土资源储量和种类差异、产业发展、生态保护、市场需求等因素，对稀土开采和稀土冶炼分离实行总量调控，并优化动态管理。具体办法由国务院工业和信息化主管部门会同国务院自然资源、发展改革等部门制定。

稀土开采企业和稀土冶炼分离企业应当严格遵守国家有关总量调控管理规定。

第十一条 国家鼓励和支持企业利用先进适用技术、工艺，对稀土二次资源进行综合利用。

稀土综合利用企业不得以稀土矿产品为原料从事生产活动。

第十二条 从事稀土开采、冶炼分离、金属冶炼、综合利用的企业，应当遵守有关矿产资源、节能环保、清洁生产、安全生产和消防的法律法规，采取合理的环境风险防范、生态保护、污染防治和安全防护措施，有效防止环境污染和生产安全事故。

第十三条 任何组织和个人不得收购、加工、销售、出口非法开采或者非法冶炼分离的稀土产品。

第十四条 国务院工业和信息化主管部门会同国务院自然资源、商务、海关、税务等部门建立稀土产品追溯信息系统，加强对稀土产品全过程追溯管理，推进有关部门数据共享。

从事稀土开采、冶炼分离、金属冶炼、综合利用和稀土产品出口的企业应当建立稀土产品流向记录制度，如实记录稀土产品流向信息并录入稀土产品追溯信息系统。

第十五条 稀土产品及相关技术、工艺、装备的进出口，应当遵守有关对外贸易、进出口管理法律、行政法规的规定。属于出口管制物项的，还应当遵守出口管制法律、行政法规的规定。

第十六条 国家按照实物储备和矿产地储备相结合的方式，完善稀土储备体系。

稀土实物储备实行政府储备与企业储备相结合，不断优化储备品种结构数量。具体办法由国务院发展改革、财政部门会同工业和信息化主管部门、粮食和物资储备部门制定。

国务院自然资源主管部门会同国务院有关部门根据保障稀土资源安全需要，结合资源储量、分布情况、重要程度等因素，划定稀土资源储备地，依法加强监管和保护。具体办法由国务院自然资源主管部门会同国务院有关部门制定。

第十七条 稀土行业组织应当建立健全行业规范，加强行业自律管理，引导企业守法、诚信经营，促进公平竞争。

第十八条 工业和信息化主管部门和其他有关部门（以下统称监督检查部门）应当依照有关法律法规和本条例规定，按照职责分工对稀土的开采、冶炼分离、金属冶炼、综合利用、产品流通、进出口等活动进行监督检查，对违法行为及时依法处理。

监督检查部门进行监督检查，有权采取下列措施：

（一）要求被检查单位提供有关文件和资料；

（二）询问被检查单位及其有关人员，要求其对与监督检查事项有关的情况作出说明；

（三）进入涉嫌违法活动的场所进行调查和取证；

（四）扣押违法活动相关的稀土产品及工具、设备，查封违法活动的场所；

（五）法律、行政法规规定的其他措施。

被检查单位及其有关人员应当予以配合，如实提供有关文件和资料，不得拒绝、阻碍。

第十九条　监督检查部门进行监督检查，监督检查人员不得少于2人，并应当出示有效的行政执法证件。

监督检查部门的工作人员，对监督检查中获悉的国家秘密、商业秘密和个人信息负有保密义务。

第二十条　违反本条例规定，有下列行为之一的，由自然资源主管部门依法予以处罚：

（一）稀土开采企业未取得采矿权、采矿许可证开采稀土资源，或者超出采矿权登记的开采区域开采稀土资源；

（二）稀土开采企业之外的组织和个人从事稀土开采。

第二十一条　稀土开采企业和稀土冶炼分离企业违反总量调控管理规定进行稀土开采、冶炼分离的，由自然资源、工业和信息化主管部门按照职责分工责令改正，没收违法生产的稀土产品和违法所得，并处违法所得5倍以上10倍以下的罚款；没有违法所得或者违法所得不足50万元的,并处100万元以上500万元以下的罚款;情节严重的,责令停产停业,对主要负责人、直接负责的主管人员和其他直接责任人员依法给予处分。

第二十二条 违反本条例规定,有下列行为之一的,由工业和信息化主管部门责令停止违法行为,没收违法生产的稀土产品和违法所得以及直接用于违法活动的工具、设备,并处违法所得5倍以上10倍以下的罚款;没有违法所得或者违法所得不足50万元的,并处200万元以上500万元以下的罚款;情节严重的,由市场监督管理部门吊销其营业执照:

(一)稀土冶炼分离企业之外的组织和个人从事冶炼分离;

(二)稀土综合利用企业以稀土矿产品为原料从事生产活动。

第二十三条 违反本条例规定,收购、加工、销售非法开采或者非法冶炼分离的稀土产品的,由工业和信息化主管部门会同有关部门责令停止违法行为,没收违法收购、加工、销售的稀土产品和违法所得以及直接用于违法活动的工具、设备,并处违法所得5

倍以上10倍以下的罚款；没有违法所得或者违法所得不足50万元的，并处50万元以上200万元以下的罚款；情节严重的，由市场监督管理部门吊销其营业执照。

第二十四条 进出口稀土产品及相关技术、工艺、装备，违反有关法律、行政法规和本条例规定的，由商务主管部门、海关等有关部门按照职责依法予以处罚。

第二十五条 从事稀土开采、冶炼分离、金属冶炼、综合利用和稀土产品出口的企业不如实记录稀土产品流向信息并录入稀土产品追溯信息系统的，由工业和信息化主管部门和其他有关部门按照职责分工责令改正，对企业处5万元以上20万元以下的罚款；拒不改正的，责令停产停业，并对主要负责人、直接负责的主管人员和其他直接责任人员处2万元以上5万元以下的罚款，对企业处20万元以上100万元以下的罚款。

第二十六条 拒绝、阻碍监督检查部门依法履行监督检查职责的，由监督检查部门责令改正，对主要负责人、直接负责的主管人员和其他直接责任人员给予警告，对企业处2万元以上10万元以下的罚款；拒不改正的，责令停产停业，并对主要负责人、直接负责的主管人员和其他直接责任人员处2万元以上5万元以下的罚款，对企业处10万元以上50万元以下的罚款。

第二十七条 从事稀土开采、冶炼分离、金属冶炼、综合利用的企业，违反有关节能环保、清洁生产、安全生产和消防法律法规的，由相关部门按照职责依法予以处罚。

从事稀土开采、冶炼分离、金属冶炼、综合利用和稀土产品进出口企业的违法违规行为，由相关部门依法记入信用记录，纳入国家有关信用信息系统。

第二十八条 监督检查部门工作人员在稀土管理工作中滥用职权、玩忽职守、徇私舞弊的，依法给予处分。

第二十九条 违反本条例规定，构成违反治安管理行为的，依法给予治安管理处罚；构成犯罪的，依法追究刑事责任。

第三十条 本条例下列用语的含义：

稀土，指镧、铈、镨、钕、钷、钐、铕、钆、铽、镝、钬、铒、铥、镱、镥、钪、钇等元素的总称。

冶炼分离，指将稀土矿产品加工生成各类单一或者混合稀土氧化物、盐类以及其他化合物的生产过程。

金属冶炼，指以单一或者混合稀土氧化物、盐类及其他化合物为原料制得稀土金属或者合金的生产过程。

稀土二次资源，指经加工可使含有的稀土元素重新具有使用价值的固体废物，包括但不限于稀土永磁废料、废旧永磁体以及其他含稀土废弃物。

稀土产品，包括稀土矿产品、各类稀土化合物、各类稀土金属及合金等。

第三十一条　对稀土之外的其他稀有金属的管理，国务院相关主管部门可以参照本条例的有关规定执行。

第三十二条　本条例自2024年10月1日起施行。

司法部　工业和信息化部负责人就《稀土管理条例》答记者问

2024年6月22日，国务院总理李强签署第785号国务院令，公布《稀土管理条例》（以下简称《条例》），自2024年10月1日起施行。日前，司法部、工业和信息化部负责人就有关问题回答了记者提问。

问：请简要介绍一下《条例》的出台背景。

答：稀土是现代工业中不可或缺的重要元素和关键战略资源。党中央、国务院高度重视稀土资源保护和产业发展。近些年来，我国围绕稀土行业准入标准、行业整合、环境保护等方面出台了多项政策措施，有效促进和保障了产业持续健康发展。与此同时，我国稀土管理仍存在一些突出问题，覆盖全产业链的管理职责、监管措施有待完善，产业创新能力和绿色化智能化水平亟需提高，行业秩序需要进一步规范，整治非法开采或非法冶炼分离、无指标或超指标生产、买卖非法稀土产品等违法行为的手段不足、处罚力度不够。因此，有必要制定专门的行政法规，为稀土资源保护和产业发展提供法治保障。

工业和信息化部在总结近年来各地区稀土管理实践经验、征求有关方面意见并向社会公开征求意见基础上，向国务院报送了《条例（草案送审稿）》。司法部在广泛征求中央有关单位、各省级人民政府意见，会同工业和信息化部深入开展调研，听取有关企业、行业协会和专家学者的意见建议，对重点问题深入研究的基础上，修改形成了《条例（草案）》。2024年4月26日，国务院常务会议审议通过了《条例（草案）》。

问：制定《条例》的总体思路是什么？

答：《条例》坚持以习近平新时代中国特色社会主义思想为指导，遵循以下总体思路：一是坚持统筹发展和安全，促进稀土产业高质量发展，维护生态安全，保障国家资源安全和产业安全。二是坚持问题导向和目标导向，建立稀土全产业链监管体制机制，提高产业治理能力和治理水平。三是坚持制度有效衔接，把握《条例》作为稀土管理专属行政法规的定位，并与矿产资源、环境保护等法律法规做好衔接。

问：《条例》对稀土管理职责作了哪些规定？

答：一是明确部门责任分工。国务院工业和信息化主管部门负责全国稀土行业管理工作，研究制定并组织实施稀土行业管理政策措施。国务院自然资源主管部门等其他有关部门在各自职责范围内负责稀土管理相关工作。二是压实地方政府责任。县级以上地方人民政府负责本地区稀土管理有关工作。县级以上地方人民政府工业和信息化、自然资源等有关主管部门按照职责分工做好稀土管理相关工作。

问：《条例》围绕促进稀土产业高质量发展规定了哪些主要措施？

答：一是强化规划引领。国家对稀土产业发展实行统一规划，国务院工业和信息化主管部门会同有关部门依法编制和组织实施稀土产业发展规划。二是突出科技创新。国家鼓励和支持稀土产业新技术、新工艺、新产品、新材料、新装备的研发和应用。鼓励和支持企业利用先进适用技术、工艺对稀土二次资源进行综合利用。三是实现绿色发展、安全生产。从事稀土开采、冶炼分离、金属冶炼、综合利用的企业应当遵守有关矿产资源、节能环保、清洁生产、安全生产和消防的法律法规。

问：关于稀土全产业链监管体系，《条例》从哪些方面作了规定？

答：一是明确稀土开采、冶炼分离管理要求。国务院工业和信息化主管部门会同有关部门确定稀土开采企业和稀土冶炼分离企业。其他组织和个人不得从事稀土开采和稀土冶炼分离。二是建立总量调控制度。国家根据稀土资源储量和种类差异、产业发展、生态保护、市场需求等因素，对稀土开采和冶炼分离实行总量调控，并优化动态管理。三是规范稀土综合利用。稀土综合利用企业不得以稀土矿产品为原料从事生产活动。四是建立产品追溯制度。稀土开采、冶炼分离、金属冶炼、综合利用和稀土产品出口的企业应当如实记录稀土产品流向信息并录入稀土产品追溯信息系统。五是严格流通管理。任何组织和个人不得收购、加工、销售、出口非法开采或者非法冶炼分离的稀土产品。稀土产品及相关技术、工艺、装备的进出口，应当遵守有关对外贸易、进出口管理法律、行政法规的规定。

问：《条例》在监督管理措施和法律责任方面作了哪些规定？

答：一是加强监督检查。工业和信息化主管部门和其他有关部门应当按照职责分工对稀土的开采、冶炼分离、金属冶炼、综合利用、产品流通、进出口等活动进行监督检查，对违法行为及时依法处理。进行监督检查，有权采取查看被检查单位有关文件和资料、询问被检查单位及其有关人员、进入涉嫌违法活动的场所进行调查和取证等措施。二是明确法律责任。对非法从事稀土开采、冶炼分离，违反总量调控管理规定、产品追溯制度，收购、加工、销售非法开采或者非法冶炼分离的稀土产品等违法行为规定了相应的法律责任。同时，规定从事稀土开采、冶炼分离、金属冶炼、综合利用的企业，违反有关节能环保、清洁生产、安全生产和消防法律法规的，由相关部门按照职责依法予以处罚。

问：《条例》施行后，将重点做好哪些工作？

答：工业和信息化部将和有关部门共同做好《条例》的贯彻实施工作。一是加大宣传解读力度。针对

《条例》专业性比较强的特点，采取多种方式对《条例》进行宣传，加强稀土管理的专业培训，帮助有关部门工作人员、企业等更好掌握《条例》内容。二是切实抓好实施工作。根据《条例》确定的稀土全链条管理制度框架，完善相关配套制度，提升执法能力和水平，严格依法查处违法行为，切实做好《条例》的贯彻执行。三是促进产业提质升级。以《条例》施行为契机，以产业科技创新为引领，支持企业开展新技术、新工艺、新产品、新材料、新装备的研发和产业化，加快产业高端化、智能化、绿色化改造升级，提升稀土产业发展质量水平。

稀土管理条例
XITU GUANLI TIAOLI

经销/新华书店
印刷/保定市中画美凯印刷有限公司
开本/850 毫米×1168 毫米　32 开　　　　　　　印张/0.75　字数/7 千
版次/2024 年 7 月第 1 版　　　　　　　　　　　2024 年 7 月第 1 次印刷

中国法制出版社出版
书号 ISBN 978-7-5216-4633-7　　　　　　　　　定价：5.00 元

北京市西城区西便门西里甲 16 号西便门办公区
邮政编码：100053　　　　　　　　　　　　　传真：010-63141600
网址：http://www.zgfzs.com　　　　　　　　编辑部电话：010-63141673
市场营销部电话：010-63141612　　　　　　　印务部电话：010-63141606

（如有印装质量问题，请与本社印务部联系。）